III

Mira Mink - Rakkaus & runot

Runojulkaisu on saanut Taiteen edistämiskeskuksen tukea.

Taiteen edistämiskeskus
Centret för konstfrämjande
Arts Promotion Centre Finland

Mira Mink

III

Rakkaus ja runot

© 2020 Mira Mink

Kannen suunnittelu: Mira Mink

 Sisuksen taitto: Mira Mink

Kustantaja: BoD – Books on Demand, Helsinki, Suomi

Valmistaja: BoD – Books on Demand, Norderstedt, Saksa

ISBN: 978-952-80-4274-7

1.0 SEKSI, POLITIIKKA [MARGINAALI]
CMIRAMINK:

IHAN IHOLLA

pelkkää seksiä.

ihan kohtauksia.

hiljaa katu on

[2.2.2018]

KUN TEESKENTELEN SINUA

olet kimpussani.

laihdun katseesta.
isoista asioista henkisesti "orgasmiaddiktiostani".

röökit loppuvat, joku tarvitsee sormia pilluunsa.
poliittista, jos ihminen *uomo* on eläin

TAISTELEVAT BENZOT

mielihyvä ei ota tullakseen,
endorfiinit nollassa,
toleranssi katossa.

virsi nukuttaa minut uneen,
joka ei ole uneksi luokiteltavissa,
jotain senkaltaista sumua.

silmien kova kiilto,
tikittävä aivo-otsasuoni,
tuntuvat repeävän
ennen taivaallista myrskyä.

vaivun seesteiseen koomaan,
jossa en tunne mitään,

olen tunnoton,
kävelen ilmassa, ilman tukea, tippumista

suuni lipevä kieli lipoo kuivia
huuliasi kastellen niitä,
läpikotaisin märiksi
[31.12.2016]

TÄMÄ KYLMÄNVIILEÄ

siirryn puoliksi unitilaan,
pommi putoaa,
räjäyttävät tajunnat

kasvotkin vaativat, huomiota,
suudelmia suuhun,
helliä

tämä kylmänviileä kukka,
katso miten kaunis!

yllättävän sähköinen,
niin kuuma, hajanainen

PIENI LAULU

vain rumia miehiä
huonosti käyttäytyviä

(havaintoja)

vituttaako?

yön puhetta
istut ja katsot ohjelmaa
hiljaa äänettömästi

runot ilman konkreettisia tiloja

mukana penismatkalla
matka miehen mieleen

[2010]

RAKKAUTTA

tietenkin rakastan sinua.

rakkautta vailla olen tietenkin rakkaudesta.

kaikki rauhoittuvat rakkaudesta

MIETTIÄ SUA

enkä jaksa,
enää miettiä sua.

ikävä...

ikävöin suhun oloa.

kiivaana tutustua,
hajottaa totaalisen kovaa

RAKKAUS OLET SÄ

tai mitä sitä halutaan

saada aikaan,
kun rakastat mun persettä,

ja mä sun
ikävöintiä
sitten haluun tukehtua kourimiseesi,

ja sen aiheuttamiin sivuvaikutuksiin,
orgasmiinkin

PANKKIJONOSSA

salin täydessä hiljaisuudessa
odottivat kaikki rahaa.

täydessä hiljaisuudessa
odotimme rahaa.

seteleitä ja vallan tuomaa
rauhaa mukamas,

sillä kaikki tuo on silmänlumetta,
valheita, joita maailma päällään kantaa.

luukkukisaa ja kassajonoja,
kuka hän on?

ja sitä haluamallasi tavalla halajaa?
täällä sitä saa kuten Roomassa aikoinaan

kaikki tiet vievät Roomaan,
koska keisari halusi niin

yhdessä rakensivat tiet, talot ja akveduktit
nekin jäävät miesmuistiin ja se on pitkä

yhtä pitkä kuin kuoleman odotus, kadotus,
suosta ylösnousevat haamut syövät elävät

ja rahoihin painetut
päät giljotiinissa putoavat

kovinkaan haarniska ei siltä pelasta
vahvimmat sielut mestataan

tai kalterien taakse vangitaan,
"tyrmä"

[kevät 2016, somessa julkaistu]

KEITTOLOUNAS

on minun suosikkini
raikas bataattisose ei kermaa
juokseva mehu hanasta
7€ ei ole paha hinta hyvistä mauista

   pelistrategistit viereisessä pöydässä
saavat minut ajattelemaan
ihmispelialustoja   korkeimpia älykkyyksiä, takaa-ajopelin
tyhmyyttä
pelaajat riviin!

Merihaan kannella tuulee
kansi on uusi uusi sana minulle
korvieni välissä on suuri peliongelma,

   josta olen tietoinen,
mutta en ymmärrä sitä,
entä muut tavoitteet,
joita mielikuvitusolentosi ei ymmärrä?

HYLÄTYT TUOLIT OSASTOLLA

suojaisa metsäkätkö,
parviäly kirjoittaa älypuhelimella
räppitekstejä.

poliittinen erektio huipulla
etenee loppua kohden.

sanapeli kävelee lintubongaustorniin,
haukkoja näkyvissä,
peltohiiret juosten pakoon.

en tuudittaudu,
vodkahuuruinen märkäuni,

seivästetty variksenpelätin,
sähköpaimenen räksyvä jännite,
katkolla koko show.

bongari meni menojaan.
tekstiä tulee, toimitus lomalla tai

ainakin panttaamassa viimeistä kitaraa
halpa olo

[21.9.2018, somessa julkaistu runo]

ONKO TÄMÄ SUN KOTI

tämä se penkki, johon aioit istua?
tämä se magnolia, josta kerroit?
tämä se kultainen spugeroskis niiden portaiden
ylätasanteella?

kertovatko ihmiset?

LoL:imiset käytiin jo naisten punikkisodissa
ruumiinjäsenten nosteluissa kuoppaan työntämisissä,

skitsofreenisten huoneiden pakkorautapaidoissa,
kaikujen käytävillä kuuluivat menetettyjen sielujen,

huudot huudot huudot

kutsuen kuolleita henkiä kiduttaviin hetkiinsä,
raudat käsiin, piikki iski lihaan vereen,

hyytävä liekki polttaa sinut karrelle uunisi uumenissa,
vauvat huutavat vieläkin, kuolleita, peloissaan,

palorakkuloita vähintään,
salva, balsami, voide, mikä hyvänsä!

tuo iloa pienestä hymystäni ja runolauseestani

[18.1.2018]

KATSOTKO KAUHUELOKUVIA?
[- en, paitsi omaani. (snadissa snadeissa)
jännät eläimet
katurunon haju
ilman sua läheisyyskipu iskee
läheisyyskivun iskemät]

ILMAN SUA TANSSIEN PATSAILLE
[tanssien patsaille vai barrikaadeille
olemiseni kohtalottomat sanomiset
puhuttua sanaa kansalle
ongen päässä kaipaan rahojani
poliittisen katseen arvailua
loogista rakkauskipinää
harvoin roihuaa ilmiliekkeinä
ilmileikkiä jatkona]

ALEPAN MUOVIKASSI

kaikilla on toi sama alepan hedelmäpussi,
nykyään biohajoava,
joku jättää sen hajoamaan puistotielle,
no, sehän on maatuvaa tuotetta!

sama pussi kun tulee vastaan
asfaltoidulla kadulla,

kyllä se siihenkin maatuu joku toteaa,
kadunkulkijat viisaat tietää,

spuget puistossa sen kiertää,
puistonhoitaja tulee rikospaikalle,

sen homma on just se, miten puistoa hoidetaan,
hoida homma kotiin!

[14.9.2019, Malmitalon synttärit]

GRYNDERIT JA POLITIIKKA

minulta vietiin ikkunasta kuuluva ratikoiden ääni,
kotoinen lintupesä urbaanilla maisemalla,

itkut, huudot, raivoamiset öisellä kadulla,
baarin sulkeuduttua,

juoppojen örvellys heti aamusta,
kusen haju porttikongissa ovesta ulos tullessani,

siksi kirjoitan teille katkeamatta,
vitutukseni on suunnaton läjä
grynderipaskaa,
vartijan kyttäystä työpaikalla,

huokaisisin helpotuksesta,
jos joku lohduttaisi hetken verran ja kiljuisi:
"miksi ette tajua jästipäät?"

joku muukin huutaisi puolestani ja
kävisi kusettamassa koiraansa grynderin
valkoisella karvamatolla

[23.4.2018]

ORJUUS

kansa mätänee
noin soidin soi
syyttämättä, jätettynä,
annettu korvaus
kahleina vapauden

liiterissä, linnassa,
Colosseumilla, leijonan armoilla
kaltereihin jää ainoa ikkunasi
valo syöpyy mieleesi

kissa ikkunalla,
hämärissä,
kuuttimana yössä, kuuttina,

kellariin lukittuna,
myöhästyn oven avauksesta

[17.6.2017, Sodankylässä]

METSÄPUU

kukaan ei nuku,
eikä herkkää eläytymistä
enkä enempää
hänestä.

metsäpuiden kommunikointia,
vuodenajat sekä romanttista,
maalaisidylli-kliseetä.

tienpäässä
luonnon voimat taistelevat,
aurinkopaneelit tuottavat,
juon kurvissa - luontevaa.

maisema ajatuksissani, iskostettuna

SÄ MEET

sä meet yli tien,
sä meet mun ohi

the little bird 1
two times
the fasan with rainbows
the bunny
the koppakuoriainen
and the tail of a hilleri
squeezed on the road2

ihastun heti aamulla
näihin otuksiin,
söpöihin otuksiin

joskus illalla bambi juoksee,
kauniisti kaukana
hei älä jää alle!

[2019, Tuusula-Nurmijärvi]

JOS SAA

ymmärrän, että rakastat minua
miksi naapurisi seuraa minua?
miksi rakastat minua?

sukupuolihäirintää,
naapurisi anastaa sun tavaraa
vihaat naisia
venaatko jotain *milla magiaa*?

sori, en enempää voi antaa,
jos naapurisi anastaa

sitten vielä ne ja ne,
kaikki pöllii mun tekstiä,
juoruat viimeistä päivää ilman seksiä

vaikka rakastan sua,
kohtelet mua

ilmiannan sut ja anastajat,
pöllin sun juorut,
vien ne ja avaimen aurinkoon
vannot vielä,

jos

sukupuolihäirintää ilmenee,
sun päivät on luetut,
päivänpaistetta en kestä,

vaikka rakastan sua,
kohtelet mua,

vaikka rakastan sua,
kohtelet mua

[10.12.2018]

YMMÄRTÄISIN KYLLÄ

[ROLLARIKONEET AJAA YLI]

ymmärtäisin kyllä, miksi haluan aina
palata sun luokse,
mutta olet niin ilkeä ja pahantuulinen

ymmärtäisin kyllä, miksi haluan aina
pussata sinua,
vaikka haukut minua,

juoksisin pois haukkojen siivin
jo kauan aikaa sitten,
mutta olemuksesi pidättelee minua

diplomatiaa itseään kohtaan
odotan, että joku tarjoaa
tien tuntemattomaan

diplomaattisen suojan,
uuden henkilöllisyyden,
mitä vaan että pääsen pakenemaan

kaukomaille odottamaan,
omaa vuoroani elää,

rauhallisuus, meditaatio, feng shui,
kaikki sekaisin

kohta rollarikoneet ajavat ylitseni,
mietin näkyykö tähdenlentoja sumussa,
nyt on niiden runsain aika vuodesta

vilkutan niille, vilkutan tulevalle
vilkutan vilkutan

[29.10.2017]

KAIKENLAISIA SYYSRAKKAUKSIA

uusia rakkauksia pelkäisin,

jos mitään tuntisin ilmaasi söisin,
jos lähelläsi saisin sua hengittää,

olla mitenkään

KAUNISRAKKAUS

rakastaa sua ikinä sen enempää
"kaunis olet", ikuista hymyilyäni,
on toinen olemukseni,
kun puet kauniisti vaatteet yllesi,
kun tulet luo,
"sekoon, kaunis" liikun unissani
"ikävä sua", en voi kertoa

SIR EX-AVOPUOLISO

ja hengittämättä hänen poveaan,
lausuu statementtejaan,
silmät kyynelehtivät,
ikäväni stooreja,
kullattuja patsaan päitä,
kipukohtiani

PIENI SATTUMA

heiluri heilahti viistosti oikeaan
 joku kuoli
 joku heräsi
joku sai piikin polveen
 joku kirjoitti viestin
 joku soitti äidille
 joku ampui harhaan

tämä oli se aamu, kun muutin mieleni, enkä polttanut
yhtään tupakkaa eli boheemia aamua vietti vain italialainen
madonna ja sekin kuvassa

[04.2017, italialainen runo]

BACIBACI

baci by madonna
baci davanti a tutte
baci davanti alle pitture di madonne

[italialainen runo]

VOGLIAMO ANDARE A CASA

sabato sera vogliamo andare a casa
io lo sapevo già dall'inizio
tutti pensieri e i sentieri
tra cui corriamo
"chi è lui?" ho chiesto

e lui non sapeva neanche se stesso
nel buio eravamo
il silenzio e le stelle
che sto ammirando
dove io e lui
con me la musica delle stelle

io e te soli
le anime e la solitudine
sono sempre le stesse,
ma loro
non sanno chi sono
io
che

[13.11.2016, italialainen runo]

YHTÄÄN RAHAA
KÖYHYYS PAISTAA LÄPI JONOJEN

"onks sul yhtään rahaa?"
köyhyys paistaa läpi jonojen

hunningolla baarissa sossumassit tuhotaan,
kun ei jaksanut rahaa,
eikä rahaongelmaa,
enkä sossua

vihaan tätä vxxxn köyhyysrundia
peliautomaattia ja ajatonta tilitystä *sen* vähyydestä

juurikasvuni ei pääse kasvamaan,
runoilijuus ei ole mitään taikomista,
koittamista

[to 28.11.2019]

RUNO RIITELYSTÄ
[BUENOS AIRES]

un huevo uruguayo
eres mi hombre
tienes una novía,
dónde es el cielo hermoso,
amor de las noches,
bellas cosas para compartir
mi suelo y tu sueño, ¿o no
¿porque eres conmigo
¿porque un huevo uruguayo

tango dos con el duelo

Hotel Castelano - vierasarvio?

"yli odotukseni mukavampi sänky kuin kotona,
miesystäväni olisi voinut vaihtaa tuultaan, mutta kaikki
hyvin, kun pääsemme kotiin sovimme riidan, kohta
aamupalaa."

en el bar quiere una amiga, yo no quiero cambiar de opinión

[2017]

3.0 NAISRUNOILIJAN NÄKÖKULMIA, ZOMBI-TARINOITA, BAARITAPAAMISIA, LONG POETRYA, YÖN KIRJOITUKSIA [MINIPROOSA] CMIRAMINK:

Henkilöitä: Herttua, Tyttö T., Runoilija Rak rak ja Ugo, Enne ja Gonzo, N., Minttu ja Ville, Jim

henkiset suhteet kasvavat oudoiksi puiksi,
etkä tiedä, keitä he ovat

HERTTUA OSA I

Herttuani saapuu ylihuomenna. Suutelusta toisen kanssa saattaisi tulla niinkin hirveä olo, etten kestäisi hirviöitä sisälläni.

HERTTUA OSA II

Hän odottaa varmasti kuuta nousevaa rakkaansa kämmenpuolten suutelua itse. Mikä myrskyisä suhde olikaan jo alkanut ja sai jatkuakin. Tunnemyrskyt ohitettuani silitin mielessäni hänen hiuksiaan. Hän oli hänen omansa. Kierrosta jouduin myös pohtimaan etukäteen, jottei herttuano suuttuisi, paikan päälle ja sille päälle sattuessaan, vaikkei myöntäisikään mitään.

Minun päässäni alkoi nykimään pahasti, eikä kyseessä ollut tosiaankaan hiuksista vetäminen muissa asioissa. Herttua oli paikalla, kun jotain sattui hänelle kerran bussissa. Kalvomaisesti tuijottaen mitään kuulematta hän istui ja tuijotti kuolematartaan silloinkin. Mitä silloin tapahtui? Hänen armonsa muistikin vasta nyt bussissa istuessaan.

> Muistin vuoksi oli kaikki tapahtunut hänelle. Muutamia murhia käyty liikaa läpi joidenkin henkilöiden ja rahan puutteen vuoksi. Epäselvää oli, mitä nyt tapahtuisi hänen mieltymyksilleen. Muttei sen väliä, ei hän jaksanut pohtia ja muistaa asioita. Helpotusta pyyntiin, siksi hän kohtasi herttuansa vasta nyt.

TYTTÖ T.:N MUISTI

Tyttö T., pettynyt lukija.
Ei siinä mitään, että Tyttö T. murjotti ja naamioitui mennessään autolla reittejä, häntä mukamas kiukutti ja hän oli sapen maku suussaan itkenyt entisiä bulimia-kuvioitaan. Mutta kun käteen osui vain se vanha harlekiinisarjis.

Niin laitosten vammaisten unia Tyttö T. luki märkänä parkkiksilla, itki myös lesbouttaan ja kaikkea olemistaan. Joku sai hänet aina kiinni ja se olikin liian jännittävä kokemus. Kun eihän kukaan muistanut, mitä bussissa ja pysäkillä aina tapahtui, kun eihän Tyttö T. ollut ollut päätä lukea lukiossa mitään.

Kai se joku sitten tiesi, että mitä pahaa Tyttö T. oli kerran tehnyt ja joku oli jäänyt kirveen alle jostain aikaisemmin tapahtuneesta jotain 70- lukua se oli, mutta se tyyppi olikin elossa vieläkin toisin kuin tää pysäkkijuttu.

RUNOJEN KIRJOITTAMINEN
Runoilija Rak rak ja Ugo

Rääkätty runoilija Rak rak istuu baarissa bisselasi edessään. Rääkkää itseään. Odottaa runoilija Ugoa saapuvaksi. Nyt toimitetaan runoja. Ugoa ei kuulu. Rak rak rähjääntyy odottaessaan.

Katse uupuu. "Kieli on mun mieli -filosofia" Rak rak toteaa käytyään viidennellä tupakallaan. Lähtee. Tyhjä tuoppi jää pöytään. Rak rak huohottaa juostessaan kieli vyön otteessa.

> "Kieli on mun mieli -filosofia" Runoilija Rak rak miettii.
> "Nuohoan runoutta". Juoksettuvaa tarinaa leipoo yksi jos
> toinenkin. Runologiaako? Ei, ja tuskin on
>
> *Mistyness of mind...*
> *Tai kuuuuu...*
> *In the dust...*
> *...the moons of mind...*
> [11.10.2017]

ENNE JA GONZO [VIELÄ YKSI SEKSIKOHTAUS]

Enne makasi veripäissään huoneen lattialla. Ulkona pauhasi joku tuuletusaukon tapainen ääni. Kimpoili tuskissaan aivojen sisäisessä häkissä. "Pakoon! Juokse pakoon!", joku huohotti niskaan. Kireä ilmapiiri jatkui kolme vuorokautta. Oli kesä, kuuma, jano. Enne oli tavannut miehiä aikaisemmin baarissa, joka oli vanhan juottolan näköinen. Hän luuli, että drinkin tarjonnut mies oli hänelle jotain velkaa. Enne ei myöntänyt ainakaan, että olisi myöntänyt koskaan vekseleitä kenellekään. Drinkki oli liikaa siihen kännitilaan.

Eilisestä ei tarvinnut kuitenkaan muistaa sen enempää kuin tästä päivästäkään enää huomenna. Panot ja seksi olivat kohtauksia, jotka oli lavastettu etukäteen. Jos olit sinkku, sait pitää panot ominasi tai niin ainakin hän luuli. Miehen käsi naisen "alaosissa" oli kiihottamista. Kuka nyt niin teki baarissa? Monikin, jos tyydyttämistä kaipasi. Enne piti löytämänsä "miehen" kosketuksesta, joten irtaantuminen omiin seksikkäisiin kiihottumismaailmoihin oli sallittua.

Enne ei muista, pitikö siihen olla joku mielipide. Asiat olivat menneet siihen asti, miten menivät muistelematta mennyttä elämää ja menneitä suhteita. Niin ne menivät nytkin.

Joku pahakieli kuitenkin oli ehtinyt syövyttää erään osan hänen aivoistaan. Kun hän olisi ehtinyt siihen kohtaan, jossa joutuisi todella pysäyttämään ajankulun ja kellottamaan orkutkin. Kuka nyt sitä kaipasi? Niin väitti pahakieli itse. Yleensä punatukkaiset noidat olivat pahakielisiä, mutta tiesivät kaiken.

"Nousin kerran seisomaan ratikassa päästääkseni mummon istumaan, kun mies tuli viereeni istumaan" on valitut palat -tyylinen aloitus seksistooreihin, kevyisiin petitapahtumia sisältäviin juttuihin, joten tämä tarina ei ala sillä, mutta joku voi ymmärtää eron niiden välillä. Tämän jälkeen ei tarina ainakaan kiihota.

Enne tapasi taas yhden juopporetkun lähibaarissa. Sekä baarit että miehet vaihtuivat. Mies kuului Ennen tulevaan ammattimaailmaan. Miksi hän tapasi aina kaikki väärään aikaan? Mies oli puoliksi varattu. Mitähän se tarkoitti? En halunnut enää myöhemmin tietää, eikä tarvinnutkaan, joku pahakieli taas oli väittänyt sitäkin.   Myöhemmin hänet povattiin kaapatuksi väärään leiriin ja joutuvan vankilaan. Ennen kaikkea, miksi edes uskoin sen ja juttelin hänelle. Hän tuli baariin tapasimme, juttelimme. Hän tarjosi juomia ja näytti kuvia puhelimestaan. Muut hommat tapahtuivat vasta myöhemmin, kun olimme varmistaneet kumpikin omilta tahoilta masennuksen muuten jäävän kummallekin liian pitkäksi aikaa, jos emme tapailisi muutamia intiimejä kertoja. Osittain ja osittain, ei kuitenkaan pelkkää seksiä, oikeistaan hyviä läppiä, musaa, ei aina sitäkään. Petihommaa jäi miettimään.

Tapaamiset stimuloivat häntä ja simuloivat hänen rakkauden puutteeseen jääneitä tunteitaan. Hän oli tunteeton. Toinen oli tuntematon. Enne keksi miehelle eri identiteetin. Heillä oli joku kuvamaailma.

Enne oli kuitenkin hyvin masentunut ja pettynyt elämään. Kaipasi pysyvää suhdetta, mutta kaikki tuntui epävarmalta jokin vaivasi häntä, mutta... Joku asia, joku pahakieli taas oli puhunut.

"Hap hap now the girl is in that...hap didn't listen or quite understand what his girlfriend tried to say but it made him think of something strange. What if the girl had a tumour?

that self-healed and everything was ok finally... no, he thought she couldn't have a novel contract oh he thought it over if we helped her a little bit. No, we can't or maybe later."

"What if she already is with fame and we just have to tolerate it. Cool cool, got to talk to Rob soon.."

Enne tapaa muukalaisia liian usein. Kävelinpä kadulla. Lähdinpä kotoa. Kiinnostaa, no, ei ikävä kyllä. Kävelin siis kodista ulos kadulle, kun joku vilkaisi kadunkulmassa. Häivyin eri kadulle ja eri kulman kautta lähibaariin. Tunsin kaikki jo entuudestaan.

Kukaan ei yllättänyt minua missään asiassa kaikki paitsi minä. Joskus yllätin itseni menemällä klo neljä aamuyöllä vanhalle Essolle hakemaan laihdutusruokaa; tonnikalaa ja ananasta. Nyt Esso on suljettu. Kuka haluaa ostaa abc-nimiseltä huoltikselta edes vessapaperia, vaikka saa bonusta. Saihan sitä Essoltakin.

[2018, fiktiota]

N.: N STOORI

Vittuilu tykittää paremmin. Uukkari piti tehdä kohtaan, jossa kaikki on suunniteltu vasta huomiselle. Perseilyn kiroaminen kehitti aivotoimintaa, lempeällä herttaisuudella ei kukaan tee yhtään mitään.

Realistinen inhottavuus koski veriläiskiä likaisilla patjoilla, kiiltävillä ovipinnoilla, ronskit jutut, iljettävät raiskausstoorit, huorien veriset pillut, suoneen tykittämiset, suomujen peittämien sikiöiden ruumiit. Ruumiiden jätteet säilyketölkeissä. Rumat noidat ompelurasioihin piilotettujen irtirevittyjen silmämunien ja kuolemien nostattamat huumat.

Todisteet piti taas tuhota. Etsi ruumis. Lihakirveen ääni luissa ja jänteissä. Jääkaappi oli täynnä erilaisia ruumiinosia. Irtirevityt penikset. Hyi! Oudot matkakertomukset. Muuta en keksi. Päässä pyörii.

Huumehörhöys, jatkuva repiminen. Pokarepliikit. Työnnä tanko perseeseen. Paskaläpät baarissa. Kaikki samaa läjää. Lehmän paskakin kiihotti enemmän kuin jankkaaminen mesekalentereiden synkronoimisesta. Naimisjutut, kyrpä ja muut kuvaavat sanat. Eunukit old style. Penistatuoinnit ja -korut.

Kilpailu söpöydestä oli tylsää. Kivat jutut perseestä, perseillä oli "kivempi juttu". Amfetamiinilla huipulle. Lähtö kuuhun... Työ ja vapaat edelleen miljoona vuotta sitten Akropolis-kukkulalla. Merenkulkutaidottomuus. Valas näkyi horisontissa, tyydyttiin isoon mustekalaan.

Vitun tylsää kuunnella samat jutut uudestaan. Vitun tylsää juoruta. Asiakkaat sanoivat samaa. Hotellipelistä ideoitu kompleksi kiihotti ottamaan kuvan, tarina jatkuu. Minkit olivat vain juorukerholle tarkoitettuja turkiskauppoja. Isoisän myrkyttäminen omilla tuotteilla, ei sekään kiihottanut. Outo vatsainfluenssa, nahkaa kaupan. Kannibaalikerhot vetävät välistä.

Oli se outo päivä, kun joku kuoli. Pikkukoirakin heilutti häntäänsä kuollessaan. Luonnonlait. Mitä tapahtuu sairaalassa, villapaidat oli pöllitty? Lankakerät vaihdettu arsenikkiin. Mit vit. Tähänkö stoorit kuolivat?

Kun Enne katsoi nurkan taakse näkymättömään mieheen, jotain muuttui. Sitten hän löysi silmämunan. Todisteet mukana. Kalkkikset hyysäsivät elimiään jääkaapissa. Omatekoinen elinsiirto. Tapaukset nyt käyty läpi. Asiakkaat hiipivät nurkissa. Peniksen irrottaminen yksityiskohtaisesti kuvattuna. Merihirviöt vai merihuorat. Panojutut vammaisten kanssa laivalla. Lähtö kuuhun heroiinilla.

Enne heräsi, verta valui päälle. Irtileikattu jalka maassa kompastutti vessareissulla. Palmuissa roikkui aivon palasia. Lihakirves maassa lähinnä ärsyttävä. Enne leikki toimittajaa ja samalla piti olla hyvä opettaja. Vaatimuksia sateli. Pitkä harkinta ja kuvottavat olotilat.
Pää uima-altaassa. Kokeilu ennen tekstiä. Kokeilu.

[2018, zombi-tarina, fiktiota]

MINTTU JA VILLE ERONNEITA JA EKSYKSISSÄ [juicet]

"Muija herkkänä. Taas raskaana. Mukamas. Me ollaan kolme kertaa jo puhuttu tästä.

"Voi vittu", unohdin ne bisset sinne kassalle. Muija hikoilee autossa. Auto on kuin sauna. "No" ilmanvaihto. Ei kun takaisin hakemaan ne. Ei tätä jussia ilman bisseä kestä. Muijalle ne on kuitenkin. Mä vedän vodkapohjat. Sitten baariin kaljalle. Ollaan pihalla hetki. Missä mun broidi viipyy. Voi helvetti, jos se ei ottanut niitä papereita mukaan. Muija katoaa vessaan itkemään pariksi tunniksi. Murjotetaan. Veli ei ole mailla halmeilla. No, safkataan kuitenkin. Se ei itke mun takia kuitenkaan. Vaan naapurin Villen. Mun muijan nimi ei ole onneksi Minttu, joten se ei ole vakavaa. Odotan rauhassa matsin alkua. Vittu tätä fudista!

Muija on oikeasti Italiassa töissä. (Siis se) Minttu häärää aperitiivilla jossain. Pitäis soittaa sille kohta. Ai, nyt se soi.. "Moi kulta!" "Ciao." Täällä on lämmin. Niin täälläkin, mutta ei niin lämmin kuin pitäis olla. Olen ilman sua. Olen yksin. No, ei kai nyt sentään. On mulla (exän) kissa täällä seurana. Hähhäh, Minttu mustasukkaistuu, ajattelen. Ei ole mitään hajua, missä se oli. Jossain eri kaupungissa taas duunin perässä. Mukamas.

No, broidin kanssa mennään käymään baarissa. Ei kun nyt. Voin mä ne liput sulle hommata. (sitä sä et edes kysynyt). Oli pakko keksiä jotain. Alkoi jutut loppumaan. Tarviin sua sänkyyn ja nukkumaan, mutta mulla on nyt uus työ ja eri rytmi. En tajunnut kertoa sulle. Minttu hermostui, mutta ei turhan vuoksi. Äijillä menee aina jossain vaiheessa muisti. Niin se väitti etten puhunut siitä sen vuoksi. Puhutaan taas kohta. Halausviestin sain. Minttu kirjoittaa musta runoja. Musta se on söpöä, että sä lähetät niitä mulle, sanoin sille. Sen runot ei ole aina kauniita, mutta keveitä. Mutta mä piirrän sen puolesta kauniita kuvia, jotka aina ei ole kauniita vaan siltä väliltä ja eri tyylillä. Minttu muistuttaa niitä mun kuviani. Minttu istuu mun edessä odottavana, piinaan sitä hetken ja vasta kohta jutellaan mukavia. Mä en ole kutsumanimeltäni Ville myöskään. Se ei häiritse mua eikä sua. Ajattelen. Me vaihdetaan taas kohta nimiämme ei toisiamme, vaan muita varten.

Nykyinen elämä. Filosofian puute. Odotetaan parempaa. Keksi jotain parempaa, totean itsekseni. "Minttu, odotan sua kotiin", paan tekstariin. "Tai siis olisi kiva, jos tulisit kotiin", korjaan. Tosi ikuiselta tuntuu tai siis ikiaikaiselta. Meidän ikävä. On ikävä meitä."

[2017, Mira Minkin juhannusstoori julkaistu somessa]

JIM JA KIINALAISVAUVA

Jim on Jaken ilkeä veli..

Luke ja Jake lähtevät räjäyttävät kultaesiintymiä kaivoksesta, joka on hylätty. Kiinalaisnainen ja sillä lapsi löytyvät sieltä. He joutuvat jäämään odottamaan ja silloin alkaa tapahtua.

    huntu on revitty ja likainen, mutaan poljettu,

    tahrainen ja reikäinen.

sydän jäätynyt, katakombiin kätketty,

käärinliinaan kääritty, (katakombiin suljettu ikuiseksi ajaksi)

        "kuka sen vapauttaa ja lukon avaimeen saa sopimaan?" sitä

        kysyy hän.

ehkä se vaan löydetään, sattuman kautta kohtalon viemänä, kahleisiin suljettuna, sen voi toivottavasti löytää.

        sitä odotellessa *cin cin*...

        kohtalon laulun iva.

[18.5.2016, julkaistu somessa]

YÖN KIRJOITUS OSA I

On hiljaista. Yö puhuu vain pimeydestä. Korjaan tyynyä. Se on pehmeä,
nukuttava, uneen tuudittava...

Herään, laitan herneet likoomaan. Yöllä ei tapahdu mitään. Silloin nukutaan,
ne ketkä nukkuvat. Yöllä kuulemma tehdään rikoksia.

Näen unia, joissa tehdään rikoksia. Se riittää ja on jännittävää. Hiljaa nyt
nukutaan!

YÖN HILJAISUUS VANGITSEE

Peitto päälläni on lämmin. Kärpänen surraa ihollani.

Taltioin muistiini ääniä ja lämmön. Pääasia, että saan nukkua hyvin. Painajaiset vellovat silloinkin. Toisen pää työntyy rauhaisaan pesääni.

Tulee omimaan tyynyni reunaa. Pää poistuu ymmärtää yskän.

Pää on rauhaton. Rauhattomuus tarttuu. En saa unta...

Pelkään aamua. Valo häikäisee varsinkin unettomana. Kirmailua pellolla. Pitkä puhelu. Karvas ja makea kananmuna Ja appelsiinimehu. Jääkaapin humina. Sähkö.

Kuulutan sisäpuhelimella asioitani. Talo on tyhjä. Viinimarjat jäivät. Aamustressi. Lähden töihin.

4.0 RUNOJA & RAKKAUTTA [THE END] CMIRAMINK:

milloin mikäkin
ajatus katkesi
tarina unohtui
seksi jäi väliin
mieli joutui
manalaan

TAVALLINEN AAMUPÄIVÄ

katurunoon ehkä, lähibaarissa hirveitä tökkimiskohtauksia

lähibaari haisee juopoilta, kuselta ja vanhalta hengitykseltä
penkit märät, likatahroja

yritän varovasti istua penkin reunalle käsi tärisee, suuntaan kohti
vesituoppia

on krapula, heräsin tunti sitten päänsärkyyn asunnossa on kuuma,
aurinko paistaa tyynylleni, kömmin ylös

liikun vessaan, jääkaappi mölyää, kompastun läjään vaatteita

siellä täällä siroteltuja tyhjiä röökiaskeja, niitä partsilla poltettiin, 10
sentin kolikko lattialla

ujutan itseni takaisin peiton ja tyynyn väliin

takaisin baarissa, pääsy kielletty raskaana olevilta naisilta,
baarimikko tekee työtään

ajattelee, pyyhkii tiskiä, kaataa minulle kahvia ja maitoa,
ojennan kolikon maksuksi.

menen istumaan, juttelen vieressäni olevalle kapakkasheriffille,
sekä eräälle "mukamas" kuuluisalle muusikolle,
nykyisin juoppoutuneelle mekaanikolle.

kysyn toiselta herralta eilisen illan tapahtumista,
"olin täällä myöhään muistaakseni" , hän kertoo.

nyökkään, ymmärrän, emme puhu sen jälkeen mitään,
lähden röökille kadulle.

otan seuraavaksi bissen, istuudun, en jaksa keskittyä.

kirjoitan kuitenkin yhden runon, otsikkona: *Painajaismainen rakkaus*.
mistäköhän tämä aihe pulpahti mieleeni?

taisi olla juuri kokemastani eroni tuottamasta tuskasta.

[5.7.2017]

AJATELLA SINUA

valitettavasti en voi enää ajatella sinua.
pimeässä tuijottavat kasvot, joita en muista.
virtaa solkenaan.

"emmä sua kulta voi rakastaa."

sanon itselleni

JÄISIN SINUUN

koska yritin vielä jotain sanoa,
tämä on epätoivoista roikkumista
sinussa juuri nyt,

kun ei haluisi päästää sinusta,
eikä uni uni tule,
sanoilla jäisin sinuun.

mee kultani yöhön!
älä huku mene!
mä yritän nukkuu.

suudelmia sinuun,
epätoivo, kun en näe sinua

PUUTTUMISESI

ole koskettavuutesi!

lämmin henkäyksesi,
ongelmattomuutesi.

huudat yötä kaipaukseen,
ilkkuu katuvalotkin puuttumistasi,
loihtii kiihottavuuteen.

kiilteesi jää sarjakuviini,
esiintyy uusi aamukaste,
riittää minun polte.

huudat yötä kaipaukseen
ilkkuvat katuvalotkin puuttumistasi

SAA RAKASTAA

saada rakkautta.
mitä rakkautta?
rakkautta.
rakastua.

itsesi kanssa, tietenkin
rakkaudessa on säännöt
liikaa sitä rakastaa

muistaa sanaton rakkaus,
vain kun sen menettää
uudestaan, uudestaan

uusi rakkaus, vihreät ajatukset, syntyvät kuin metsä tai
ruohikko edessäsi laajempi kuvakulma, jonka vuoksi
tajuaminen tiivistyy

WITHOUT YOU - KAIPAAN SINUA

artistically numb, no fun, just for the pen* nobody aimes to
have the game we had for the sake of love

everybody giving and sharing
with luring people
behind the corners
not giving enough
pink is not a next year's colour
souls' ghost
it's sunny!

*the poetry philosophy refers to pen as your weapon when you
want to be heared after being mistreated many times [2010,
Germany]

00 SISÄLLYSLUETTELO CMIRAMINK:

5.0 HÄMÄRIÄ - ITSEREFLEKTOINTIA [EXTRA]

[yleisluontoinen pohdinta: Eksoteerinen lukija, joka kuvittelee osaavansa analysoida runoutta. Ulkona mukamas kontekstista. "Ei runoissa voi olla!" kirjoitettu, kun tokaa runokokoelmaa yritetään editoida. Teksti kirjoitusjärjestyksessä, "onko järkeä vai ei?"

Pois: kirje "merkeissä, korvasanat, 'mumm kohdat]

[Huutoa! Pulp puaa Lyhennä miniproosaa hieman Lue 'Mustat silmät' loppuun Äänilööba?]

[Fuck you, she's a person, kertoja, she is the permanent type]

[Huolissaan: Mikä sua kiristää? Vetäytyy, kun haluaa kertoa.

Combosi: Laulaa ukot

Kirjoittaa - omat roolitukset

Joku on kylmää...]

[Minifestivaali Räpistele pois Lepistele pois]

["Runotutka - Tekee mitä huvittaa"

"En nuku puussa

Nukun autossa"

- **Runotytön angstia'**

Runoilija puhuu koko ajan kieltä.

Keskustelua,

"Millaista siitä tulee?Uudesta runokirjastako?"]

[Runokirjaksi tekeminen, Nimiehdotuksia: Mira Oo - Mira, Oi oi rakkausrunoja

Runorakkautta:

Kappale 2: marginaali

Kappale 3: unia öisiä

Kappale 4: vaaralliset ihmissuhteet

Kappale 5: kohtauksessa]

*[**Runotapahtumat eivät ole hauskoja.** Eikä ole tarkoituskaan että olisi. Kärsi &*

kuuntele. miehillä siitä ainakin rangaistus. Ja hei en ole mikään. mies. Kohtauksen uusinta]

Matkarunoja, kuvia Kirjan juoni, Koetestaus on eräs tapahtuma, Tykkään kieliopista, Pohdinta siksi friikki?

Räppiä vainoteksteistä eli perussettiäkö runojen kirjoittamisessa:
[Ero: Opettaa mitä on menettää sydän. **Hulluuden jatkumo, tekemistä,** Rakas, Opastaja **Ilkkuva keisari, Oikukas prinsessa, Kaljajuomat, No, runokirja]**

[Jiin* - analyysia runomaailmasta
"No ne on yhteiskunnallisesti latautuneita rakkausrunoja enimmäkseen, joissa sitä ollaan ilman, sen kanssa tai sitä kaivaten"
*jätkän eli frendin
kaverimainen runo: "laitanpa tänään kaverimaisen runoni", sisällysluettelon suunnittelua, Minirunot -luku 5]

[Bonusteksti parisuhteen jälkeen
Sinua siirretään ja masennut
Runo siirtyy ja masennut]

[Runofestivaalit suunnittelua]

[Ohjelma-aikataulu: Esim. aloitus aikaisin klo 14-00
Esitysajat Esiintyjät Some-ryhmät kommunikointiin]

[Runoilija pyytää apua korkeimmilta voimilta. "Runolihatiski."]

[Runoäänite suunnittelua]:

[Etsitään tuottajaa/sponsoria, yksityinen ok. Mira Mink - Runolevyä tuottamaan. 5 runoäänitettä. Taustasäestys hoitunee. Uusiakin ehdotuksia otetaan vastaan.]

[Mitä toivotaan: Rahoitusta, studio, mixaus, tulos: cd, youtube, muistitikku. joku promokiertueen tapainen. Kelpaa eri ihmiset, eri rooleihin. Kellä fyrkkaa? Kitara, haitari tms. Youtube, markkinointiin.

Väyliä, joilla se hoituu etsitään myös. Lopullinen tavoite oikeaan toimeentulon lähteeseen, ammatin monipuolistaminen. Toki voit ehdottaa itseäsi.]

[Lavkan fani-sanottua: "Toivon, että musta tulis yhtä hyvä runoilija kuin sä.."
Miraddiktio Miraddiktit]

[Käyttö omissa opetustilanteissa: markkinoida kouluun, kirjoittaminen, manuaali, manifesti. "Riittääkö isbn-tunnus?"]

[Mitä puhut? Työnhausta rajattomasti, ikivihreitäkö juonnat, äänelläs sävellät, onko kaipuusi kovettamat kädet, vai rahassa kipeytynyt kepeä ääni?]

[Case keikka: "tahallaanko pelaamme, verkostossa eniten peliä?"
Asiantuntija, tekstit, muusikko, runoilija, roolit keikkajärjestelyissä, vai olemmeko taas naapuripelissä? Kokeilu, testi, millä pelaatte verkostossa?]

[Traumaohjeet youtubesta. Runo sut vetää kylmäksi, eikä kukaan muu,
Runo valuu tyhjään.]

[K.:n broidi : Ilman saappaita puukkobulevardilla. "Tee runo!"]

[Miraoooh - runokirja, Mjpoema:
      Raak
      Enne vai
      Emme Elle]

["Kato nyt ittees peiliin, Kato nyt ittees peiliin Musta runo"]

Työnimi: oi oi rakkautta ja hämärä

1)Runo: Kertaalleen käytetty (Surun lyömät 2018), Oodin Runokuva-näyttelyssä

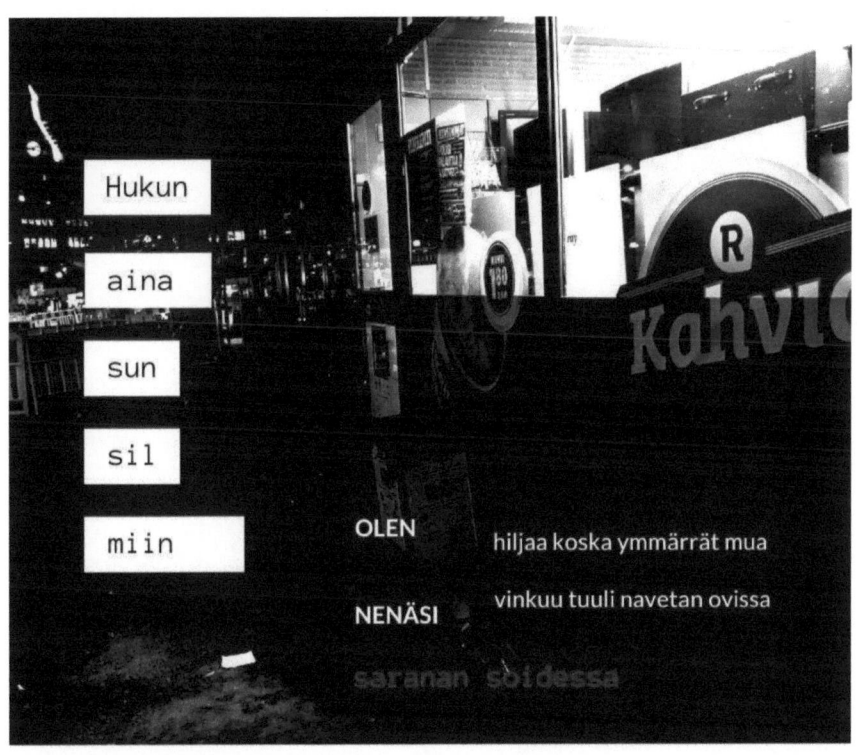

2)Runo: ihastua persoonaan (Oi oi rakkautta 2020)

Jäätä
Pliis
Siis huusin missä oot
Keltainen takki
Sut paljasti
Oot
Kauniimpi kukkaa
Rakastuin heti
Lakastui
Lakastui rakkaus
Myyn kaiken
Sanoit
En usko
Lähdin pois
Kiikarisi rikki
Kuka
rikkoi
Sydämeni

Itkee
Nyt
Luvattoman
Paljon
Haluan
Rludut
Tuhoosi
Hirttäydyt
Kuolemaasi
Puukotan
Nukkea
Kuiva sisin
Kiehtoi
Suuri
Lipbalm
4.6.2016 (c) Mira Mink

3)Runo: Jäätä pliis! (Instagram-julkaisu 2017 @minkmira)

00 RUNOILIJATAR -ESITTELY CMIRAMINK:

Kielten opettaja, runotapahtumien tuottaja, helsinkiläinen Mira Mink. Esikoisrunokokoelma Surun lyömät (2018, bod.fi) sai kunniamaininnan kilpailussa. Tänä vuonna julkaistu Oi oi rakkautta (2020, bod.fi) on hänen toinen omakustanteensa. Runojen teemat tulevat tässäkin III -nimisessä rakkaudesta ja sisältävät myös matkarunoutta englanniksi, espanjaksi ja italiaksi. Lyhyet proosatekstit ovat osa koronaepidemian aikana julkaistua kokoelmaa.

Runoilijatar järjestää runotapahtumia. Tapahtumia 2020: Tammikuussa Töölön kirjasto, Loviisan Lavka, sekä virtuaaliset esiintymiset Kallio kukkii ja kipinöi -viikoilla. Mira Mink tekee myös aktiivisesti runokuvia ja -videoita, joissa runot ja kuvat yhdistävät aikakauden tärkeitä teemoja runotilaisuuksien mainoksien ja julisteiden lisäksi.

Mira Mink järjesti Keskustakirjasto Oodissa Avoin lava open mic -Runoiltansa sekä Runokuva-näyttelyn (aulaprojisio, fin-en) 11.-27.9.2020. Taiteen edistämiskeskus tuki runoillan tuottamista ja kolmannen runokirjan julkaisua.

00 Kᴜᴠᴀʟɪsᴛᴀ CMIRAMINK:

S. 70-72

(1) Kertaalleen käytetty, (Surun lyömät 2018, bod.fi), Keskustakirjasto Oodin Runokuva-näyttely, (2) ihastua persoonaan (Oi oi rakkautta 2018, bod.fi), (3) Jäätä pliis! (Instagram-runo 2017 @minkmira)

00 ETUKANSI:

(4) RAKKAUS ᴊᴀ RUNOT (ᴘs, ᴇᴀsʏ ᴄᴏᴠᴇʀ)

00 TAKAKANSI:

(5) Runokuva-näyttelyn tapahtumakuva (2020 Keskustakirjasto Oodi), (6) Oi oi rakkautta -runokirjan mainos (2020)